GRANDS GESTES D'ARMOR

PÈLERINAGES ET SOUVENIRS

PLOURIVO (938)

De Paimpol à Tréguier, sur la route sèche et sonore, mon régiment chemine. Il fait beau. Le vent du large, chargé de sel, nous rafraîchit le visage ; les hommes marchent gaîment ; ils chantent. Tout le long de la colonne les refrains s'allument, s'entrecroisent, s'éteignent. reprennent, très divers de ton, assez différents d'inspiration. trop souvent bêtes et orduriers, toujours vifs et alertes. Mon capitaine est à pied près de moi, et nous écoutons tous deux la chanson de notre compagnie. Les paroles en sont insignifiantes : un beau jeune homme aborde une bergère avec un « Combien gagnez-vous par an ? » très prosaïque. Et l'idylle se noue, sans plus de préliminaires, pour se dérouler sentimentale, grivoise, sans grand agrément, mais un

> Ra-ta-plan belle Rose,

la rythme, un refrain ramenant les esprits, plus d'un siècle et demi en arrière, au temps des Fanfan-la-Tulipe et des petits lampions minuscules, fichés crânement sur l'oreille droite, au-dessus d'un catogan soigneusement passé au blanc.

Ils en savent une autre composée jadis par quelque

rimeur de bivouac. Les ambitions sardes du XVIIe siècle y sont raillées avec une verve comique. Un

> Ra-ta-plan par derrière
> Ra-ta-plan par devant

la scande elle aussi. Nous l'aimons pour son parfum vieillot et la voudrions entendre. Sur notre instigation discrète le sergent guide-de-tête l'entonne. Ils lui préfèrent malheureusement quelques couplets stupides et grossiers. Mon capitaine s'en impatiente.

« Allons ! les voilà dans l'épais et jusqu'au cou. Nous en avons pour une heure... A moins que l'ordre ne vienne bientôt de se taire et de rompre le pas. Nous approchons du pont suspendu de Lézardrieux. Il serait fâcheux que la catastrophe d'Angers pût se renouveler ici à notre dam. »

— Le pont est long ?

— Très long, 150 mètres peut-être, et tendu comme un fil au-dessus d'un gouffre. où nous serions tous engloutis en un instant.

Peu après, en effet, les compagnies se succédaient silencieuses sur le tablier élastique, puis s'arrêtaient de l'autre côté, pour écouter l'ordre de cantonnement. La lecture finie, nous vînmes jeter un coup d'œil sur le fleuve large comme un bras de mer.

— Voyez, dit mon capitaine, cette embouchure du Trieux, avec ses rives très escarpées, sa vaste nappe violette ourlée de roux, ses écueils tapissés d'algues, son courant de foudre : c'est un véritable fyord. On comprend que les Normands l'aient adopté autrefois et s'y soient installés solidement.

— Les Normands eurent ici un établissement... les Normands de Rollon ?

— Oui, les Normands de Rollon. Ils avaient une forteresse là-bas, sur ces croupes vêtues de landes et de
pins, non loin de la petite chapelle de Lan-Cerf que
vous pouvez voir sur votre carte. Une importante bataille s'y livra même quand le duc Alain Barbe Torte
prit en main la délivrance de son pays. Connaissez-
vous ce bel épisode de l'histoire bretonne ?

— Non, mais je m'applaudirais de voir mon igno-
rance se dissiper.

— Eh bien! demain je vous mettrai au courant sur
les lieux mêmes ; ce sera plus intéressant. Selon toute
vraisemblance la manœuvre se déroulera sur les landes
de Plourivo, théâtre même de la bataille dont il s'agit.
C'est le seul terrain des environs qui se prête à un dé-
ploiement de forces.

— Mais est-elle bien authentique cette identification?

— Très authentique. La chronique de Nantes, source
unique où l'on doive puiser pour se documenter sur
cette époque, et notre plus vieux titre d'histoire bretonne. se borne aux faits essentiels. Elle donne simplement le lieu approximatif où se déroula la bataille :
Saint-Brieuc ; mais les savants travaux de M. de la Bor-
derie ont dissipé toute obscurité ? Quatre témoins ro-
bustes, encore debout, contribuèrent à le mettre sur la
voie ; quatre croix fort belles, paraît-il, millénaires et
vénérables. Deux sont fichées dans l'enclos de la chapelle de Lan-Cerf, une autre un peu plus haut, la qua-
trième sur le plateau lui-même, non loin des vestiges
de Castel-Auffret; nom donné à la forteresse normande
par les habitants du pays.

Ceux-ci d'ailleurs, oublieux des hauts faits ances-
traux, y voient le souvenir d'une victoire remportée
sur les Anglais. Quelle erreur ! Tenez, voici sur la

carte l'emplacement probable de ces quatre croix.....

— Il serait intéressant de passer à leur portée ; aurons-nous cette chance ?

— Oui si rien ne s'y oppose. La chance est une indolente il la faut solliciter pour qu'elle vous favorise. J'ai parlé au capitaine adjoint au colonel ; il m'a promis de me détacher de ce côté si la chose est en son pouvoir.

— Tant mieux, vous y trouverez sans doute l'occasion d'une fructueuse séance de dressage moral.

— Oui, d'une petite leçon de catéchisme, comme ils disent.

. .

Nos soldats nomment ainsi ces sortes de démonstrations, auxquelles leur capitaine se complait. Persuadé de la puissance infinie des forces morales, estimant que le matériel tire son prix de la valeur du personnel qui le sert, notre chef veut que l'on apporte autant de soins à la formation de celui-ci qu'à l'établissement de celui-là. Doter le soldat d'un fusil portant jusqu'à 2000 mètres et d'un canon, véritable instrument de précision rasant le sol à la façon d'une faux, est bien, mais développer chez le soldat l'esprit de sacrifice et le dédain de la mort est mieux.

Dans notre civilisation actuelle on ne voit pas bien ce qui peut nous enseigner ce mépris. Est-ce l'humanitarisme envahissant, le bien-être croissant qui nous enveloppe, cette longue paix vide d'exemples ? Le service long, les campagnes, l'imitation des vétérans façonnaient autrefois ; l'inexpérience des anciens égale aujourd'hui celle des recrues ; on ne fréquente plus les champs de bataille. Comment donc tremper l'outil que d'autres soins rendront léger et bien en main ? Comment former la mentalité du soldat? Comment obvier aux causes d'abaissement qui nous envahissent?

Par une éducation intensive, répondent les bons officiers de ce temps, et en ce qui concerne le Breton, par l'étude faite en commun, affirme mon capitaine, des grandes actions de leurs pères! « Ces braves gens, dit-il, ont un fonds inculte, je suis le premier à le reconnaître, quelle que soit l'affection que je leur ai vouée. On leur reproche de la grossièreté dans leurs amusements ; je n'en dédis point : leurs chants de marche le proclament trop souvent à pleine gorge, et qui les contemple sortant du cabaret. en éprouve maintes fois beaucoup de dégoût. Mais quelles qualités de premier ordre ne possèdent-ils point : la fidélité au devoir, la docilité, la bravoure et cette autre très précieuse : l'amour des ancêtres.

Ils vivent avec leur souvenir, vénèrent leur mémoire et plus que d'autres se laissent influencer par leurs exemples. Or l'amour que l'on porte aux ancêtres, le culte passionné de la terre natale et la volonté de vivre libre sont comme les fondements des vertus militaires. C'est donc ce sentiment que l'on doit s'attacher à faire vibrer chez le Breton dont on veut faire un soldat. En lui montrant le dévouement de ses pères à l'œuvre commune et le sacrifice qu'ils surent faire de leur temps, de leur vie, on combattra l'égoïsme envahissant et le sentimentalisme. Que l'on enseigne à cet ignorant, à ce timide ce dont il est capable, que l'on transforme son patriotisme local, si profondément enraciné, en patriotisme général ; qu'on lui montre la Bretagne combattant pour la France depuis qu'elle existe, il prendra confiance en lui-même ; on doublera sa force ; on fera de lui ce que furent tant et tant de ses ancêtres, un bon ouvrier de la grandeur française. »

****

Quatre heures du matin : il est temps de se lever. Quelques bruits vagues commencent à se faire entendre : de la paille que l'on froisse, des bâillements à demi-étouffés, des jurons. Sur la longue place de Lézardrieux, des feux clignotent déjà dans la nuit noire. Le départ du gros du régiment ne se fera cependant qu'à six heures. Mais le Breton n'aime point à se presser. Qu'il lui faut donc plus d'un tour de main pour préparer son sac, casser une croûte, brosser son uniforme et surtout, indispensable soin, savourer une pipe! Près de certains brasiers tremblottants les fumeurs sont déjà nombreux bourrant d'un coup de pouce les fourneaux minuscules puis contemplant, sans mot dire, la braise ardente. Voici cinq dragons, pied à terre, la bride au bras, des cyclistes, la courte carabine en bandoulière; ce sont des Parisiens, espèce bruyante aimant à montrer qu'elle vit, et propre à faire ressortir, par contraste, la taciturnité celtique.

C'est notre compagnie qui se prépare. Le capitaine adjoint au colonel a tenu sa promesse. Il a fait en sorte que nous soyions chargés d'une mission spéciale, celle de soutenir le faible détachement monté mis à la disposition de notre parti et que double un essaim de vélocipédistes. Lancés au petit jour, ces éclaireurs iront à la découverte d'un adversaire qui nous envie, paraît-il, la possession du pont suspendu.

Quatre heures trente, nous partons. Du long tablier qui se balance sous nos pas, le Trieux apparaît comme un miroir d'acier; en avant et sur la droite sa nappe s'élargit et s'étale tout luisante, malgré l'obscurité, d'une sorte de lumière dissoute : on dirait une grande cuve de laboratoire remplie de mercure oxydé. Nous longeons bientôt cette crique tout le long de la grève. Au bout d'une heure nous faisons halte, nos éclaireurs prennent leur essor et, les dispositions de sûreté arrêtées, nous faisons le café.

Sans retard les moulins broient les fèves avec un bruit sourd ; le bois de sapin qui nous abrite fournit un combustible abondant et sec ; l'ébullition commence, le cafetier jette la poudre dans la gamelle, brasse le mélange, ajoute le sucre, y plonge un tison ardent pour précipiter le marc et pousse enfin le cri accoutumé : « Au jus, les hommes ! »

— Le jus ! quel horrible terme ! observa mon capitaine. »

— Significatif cependant et bien justifié lorsque le breuvage aura été dûment clarifié dans le filtre coutumier. »

A ce moment un aide approchait tenant une sorte de poche en laine grise terminée par une houpette. Simple calotte de coton destinée, dans l'esprit de celui qui en dota nos troupes, à préserver du froid le cerveau du militaire ; il a été détourné par nos Bretons de sa fonction et, filtre d'un nouveau genre, fait intime voisinage dans le sac avec des objets d'un ordre véritablement inférieur.

— Evidemment, soupira notre capitaine, que picotait un sourire railleur du sous-lieutenant, nouvel arrivé qui ne connaît pas encore nos Bretons et ne les aime guère... Evidemment, ils manquent de délicatesse, certains raffinements leur seront, longtemps encore, étrangers... Mais comme ils rachètent tout cela...

Voyez, ils nous apportent le premier quart. Quelle bonne expression exemple de servilité mais pleine de déférence... Les braves gens ! Pour leur faire plaisir, j'absorberais une décoction de grande gentiane !... D'ailleurs cette calotte a été purifiée par un long usage. Elle a cette teinte brune, inimitable, particulière aux pilons précieux que les pays turcs consacrent à l'écrasement du grain de café dans les mortiers de bois... A votre santé, mes amis !... »

Au revers d'un talus, sur une pierre ou sur un sac, chacun prend place et s'attable. Par gros croûtons qui se ramollissent et s'imbibent les hommes trempent leur pain dans le café brûlant et s'emplissent la bouche. Très frugal, sans gourmandise, facile à nourrir le Breton sacrifie sur ce point à l'humaine sensualité, chacune de ses papilles dégustatrices doit entrer en contact avec quelques particules sapides. Notre médecin-major affectionne une certaine image. Un bon chef, d'après lui, s'ingénie à augmenter le potentiel physique de ses hommes en le munissant d'une charge d'hydrates de carbone et d'albuminoïdes calculée sur le pouvoir assimilateur maximum de l'estomac humain. Mon capitaine, son disciple, se plaît à contempler ses hommes en train de répondre à de tels soins. Un instant il jouit du spectacle. Puis il s'éloigne, escalade un talus, confronte cartes et terrains, se renseigne dans une maison voisine. C'est du potentiel moral évidemment qu'il va s'occuper désormais. La clarté naissante du jour me permet de déterminer exactement en quel lieu la « séance du catéchisme » aura lieu : c'est à l'embranchement de la route de Plounez à Plourivô et du **vieux chemin de Pontrieux à Paimpol.**

* *

Au point précis coté 87 sur la carte d'état-major voici les vestiges de Castel-Auffret, la forteresse des Normands. C'est une enceinte formée d'un rejet de terre de plusieurs mètres d'épaisseur, que précède un fossé encombré d'un fouillis de branches entrelacées et d'herbes folles. Tout cela ne paraît romain ni dans la situation ni dans le plan. On s'imagine bien au contraire un nid de pirates ainsi placé. Du mirador les guetteurs pouvaient surveiller la haute mer qui se déploie, semée d'îles et d'îlots, là-bas, dans le nord, du côté de Paimpol dont on aperçoit, sur un coteau verdoyant, le beau château de Kersa et des maisons blanches. L'enceinte palissadée défendait les abords du port d'échouage où les Wikings abritaient leurs barques effilées : c'était sans doute la large baie que nous côtoyions ce matin. La forteresse était d'ailleurs très solidement établie d'après un habitant, on a même extrait de Castel-Auffret de fort belles pierres tout récemment vendues. Sont-ce les vestiges de l'établissement qui périt autrefois sous les coups d'Alain Barbe-Torte ?

Je parcourais curieusement ces retranchements, quand un appel de mon capitaine m'attira quelque trois cents mètres plus loin dans l'ouest. Je le trouvai en contemplation devant une très vieille croix de granit, d'un modèle rare, enfoncée dans un recoin de chemin creux. Le temps ou le vandalisme l'ont privée de ses deux branches mais sur le fût large et d'un dessin vigoureux se déchiffre encore une inscription, aux trois quarts effacée, que la fermeté de sa facture a préservé d'une disparition complète.

Je vais chercher la compagnie, qui sera ici aussi bien qu'au carrefour pour l'accomplissement de sa mission. Nos hommes se groupent autour du monument mutilé et notre chef commence son récit.

Il y a un millier d'années environ — vers 850 — la Bretagne vivait tranquille sous son roi Nominoé quand une nuée de pirates farouches se rua sur le pays breton. Portés sur de légers navires armés d'éperons de fer ou ornés d'animaux de bronze, ils remontaient les cours d'eau, pour en sortir à l'improviste, semant partout la ruine. Fourbes et cruels, se faisant gloire de leurs mensonges et de leurs meurtres, ils dévastaient tout, brûlaient tout, détruisaient tout, coupaient les arbres fruitiers, incendiaient les moissons, laissant seulement ce qu'ils ne pouvaient emporter, c'est-à-dire, pour employer l'expression navrée d'un vieux chroniqueur : le sol.

La pauvre Armorique résista longtemps. Erispoe, successeur de Nominoë, infligea même de sanglantes défaites aux hommes du nord. Alain le Grand en extermina 15000 près de Questembert. Mais à sa mort des nuées de barbares reparurent, submergèrent la péninsule, s'établirent sur les rivages. Violemment dépossédés les chefs, les machtyerns, les abbés se réfugièrent en Angleterre. C'était vers l'an 897.

Tranquillement les pirates exploitèrent alors leur conquête. A proximité de la côte ils eurent des dépôts bien aménagés centralisant le produit de leurs rapines d'où ils l'expédiaient vers la Scandinavie. Sur l'océan c'était l'île de Noirmoutier près de Nantes ; sur la

Manche la forteresse de Plourivo où nous sommes. Richesses et otages s'entassaient là. Jusque vers 938, le système fonctionna sans difficultés ; toute résistance semblait éteinte, la France comme nous, affligée du même fléau n'avait pu s'en libérer qu'en cédant une province aux envahisseurs ; les Normands de Bretagne espéraient bien que rien ne viendrait les troubler dans la jouissance d'une terre qu'ils estimaient réduite et courbée sous la terreur de leur nom.

Mais il y a au cœur de tout Breton un tel amour obstiné de l'indépendance, un si ferme vouloir de préserver de l'étranger la petite patrie qu'il aime, une foi si grande dans sa durée indestructible que ce calme n'était qu'apparent. Un patriote, l'abbé de Landévennec, préparait en secret les moyens que devait mettre en œuvre un jeune vengeur en train de grandir à la cour du roi d'Angleterre son parrain ; Alain petit-fils d'Alain le Grand celui que l'on devait appeller plus tard Barbe-Torte. D'humeur belliqueuse, plein d'audace, l'adolescent préférait à tout autre chose la chasse et le tournoi. On l'avait vu, bâton en main, affronter des ours et des sangliers dans leur bauge. L'heure venue, il vint offrir la bataille aux Normands de Plourivo sur le terrain même que nous occupons aujourd'hui. Les pirates se formèrent le dos à la mer, ayant, selon toute vraisemblance, leurs retranchements comme points d'appui.

Les deux armées en présence différaient profondément d'aspect. D'un côté des hommes grands, bien découplés, bien nourris, au teint frais, aux cheveux ardents, aux yeux bleus, armés de javelots et d'épées épaisses tranchant des deux côtés. Tout enveloppés de mailles, ils étaient parés de bijoux de filigrane et de bronze, fruits de leurs rapines et leur armure souple mettait en relief des muscles saillants dont ils s'enorgueillissaient. En ces temps reculés la vigueur physique constituait la principale qualité du soldat. C'est en saignant le légionnaire que les généraux romains avaient coutume de le punir d'une grande faute ; affaiblir le guerrier c'était le dégrader.

Du côté breton on voyait des hommes bruns, plutôt petits, gauches d'aspect quelquefois, aux cheveux flot-tants. Vêtus de peaux, pour la plupart armés d'arcs, de lances et d'épées rouillées, mais de bonne pointe, ils s'abritaient derrière de longs boucliers peints. Leur cavalerie nombreuse caracolait sur de petits bidets poilus, rustiques, aux jarrets d'acier.

Combattants d'occasion pour la plupart, ils avaient quitté un à un leurs huttes d'argile et de chaume pour se grouper par poignées dans les grandes fermes, cernées de palissades, des machtyerns. Ceux-ci les avaient con-duits à Barbe-Torte auquel ils s'étaient abandonnés tout entiers avec cette qualité de race, précieuse entre toutes, la docilité complète aux ordres du chef de guerre. Une haine violente les animait contre l'étran-ger ravisseur de leurs biens, meurtrier de leurs enfants et de leurs femmes. Il fallait en purger le sol même au prix de sa vie.

Le contraste était en résumé très grand entre les deux armées ou plutôt entre les deux races en présence : d'un côté plus d'unité, de cohésion, de beauté, de force phy-sique, de l'autre plus de force morale : des âmes ardentes sous une enveloppe rustique, un furieux amour de la li-berté et de la patrie, de l'abnégation, de l'ardeur géné-reuse. Et ceci vainquit toujours cela.

La France a connu elle aussi une journée de ce genre,

celle de Bouvines, où nobles, bourgeois, paysans, spontanément arrachés à la glèbe se réunirent dans un même élan généreux. Sous le commandement d'un chef de valeur, organisés eux aussi — rencontre curieuse — par un ecclésiastique : l'évêque de Senlis, ils coururent sus à un envahisseur hautain si persuadé du succès qu'il avait dépecé d'avance, avec méthode, tout le sol qu'il se proposait d'acquérir. Là aussi le patriotisme, la foi vive en un idéal, l'effort collectif des hommes de même sang triomphèrent. Et de la tuerie bienfaisante la France sortit plus vivante, plus énergique, plus fière, plus confiante en sa durée.

Eh bien! par ses résultats matériels comme par ses conséquences morales la bataille de Plourivo est comparable à celle où naquit l'idée nationale française. Vouloir le développer exigerait trop de temps. Qu'il vous suffise de savoir que les Normands furent complètement défaits comme les Anglo-Allemands de Bouvines.

Et ce fut à travers les landes une chevauchée folle de cavaliers bretons lancés à la poursuite des vaincus, les talons aux flancs, courbés sur l'encolure, au galop, la lance au poing, les cheveux tendus comme une fantastique crinière. Les Normands affolés tentèrent peut-être une dernière résistance du côté de Lan-Cerf, mais, rompus définitivement, furent précipités dans la mer. L'anse des Grillons — Toul an Houilled — fut vraisemblablement le théâtre de cet épisode tragique.

Pendant que mon capitaine parlait, j'observais mes hommes. Ils restaient attentifs. De temps à autre leurs yeux se portaient sur la vieille croix mutilée, témoin vénérable d'un passé lointain et glorieux

En dépit de ce qu'en pense notre sous-lieutenant sceptique, de pareilles leçons ne sauraient rester stériles. Certes tous n'en restent pas marqués, seuls les meilleurs reçoivent l'empreinte, mais l'élite la conserve et continue la tradition. Ne réussirait-on même qu'à s'attacher ses subordonnés, que le résultat serait encore singulièrement enviable. En tout pays le soldat aime qu'on lui montre de l'intérêt, qu'on le traite en collaborateur ; le Breton y tient peut-être plus qu'un autre. Usez de hauteur avec lui, il se fermera bien vite et se confinera, pour toujours, dans un isolement farouche et obstiné.

*
* *

La critique de la manœuvre se fit non loin de Castel-Auffret. Nous en profitâmes pour visiter Lan-Cerf avant le déjeuner. Sur un sentier tapissé de bruyères nous aperçûmes soudain une croix massive, d'un dessin vigoureux, dressée tout à l'appui d'un haut talus, en plein champ. C'est une superbe pièce d'un mètre 70 de haut, épaisse de vingt centimètres, faite pour défier les siècles. Tout la distingue des calvaires habituels : son dessin, sa situation inaccoutumée, la puissance de sa facture. Elle date certainement des époques carlovingiennes et commémore un épisode de la bataille. Lequel ? — répondre est impossible. Peut-être le point d'un retour offensif et d'une nouvelle rupture des pirates, peut-être celui de la chute de quelque chef important. Cela seul est hors de doute : qu'elle est belle et curieuse, qu'elle nous vient de générations très éloignées, sensibles comme les nôtres aux gestes vivifiants des ancêtres, qu'elle mérite, par conséquent.

un abri contre les mutilations sacrilèges dont a souffert sa contemporaine du plateau.

Deux autres croix se font face dans le cimetière de la chapelle de Lan-Cerf ; sœurs évidentes des deux autres, elles ont de 0^m75 à un mètre seulement de hauteur. A leurs pieds on a trouvé de nombreux ossements : ce sont des monuments funéraires. Elles contribuent à former un ensemble commémoratif très complet attestant l'importance qu'accordèrent nos aïeux à la bataille de Plourivo.

Longuement nous les contemplâmes, puis nous fîmes le tour de l'enclos cherchant à nous pénétrer du site de caractère très breton dont elles s'enveloppent.

Le Bouvines Armoricain nous parut avoir un sort plus enviable que celui de France. La chapelle de Lan-Cerf n'a pas la galerie belle mais inachevée de la nef flamande où de bons Français tentèrent un jour d'exalter les combattants de 1213, du moins n'y éprouve-t-on pas l'amère sensation d'un effort patriotique avorté.

Enveloppée d'un fouillis d'arbres, décorée de cette exquise patine dont se revêtent les pierres qui nourrissent depuis des siècles les lichens et les mousses, elle a le charme intime et mystérieux des antiques oratoires de Bretagne. On y entend bien la voix des morts ; un peuple doux et paisible, dont vous serez bientôt, vous entoure et vous accompagne sous les voûtes sombres ; rien ne vous distrait de vos pensées ; votre tendresse s'y échauffe encore pour tous ceux qui périrent au cours des vicissitudes nationales.

Puis, quand de la terrasse on aperçoit à travers les branches la nappe miroitante où s'engloutirent les Vikings, on éprouve ce sentiment fortifiant de continuité dont l'âme traditionnaliste de Barrès s'emplis-

sait voluptueusement sur les sommets de Sainte-
Odile. Des gabarres glissent vers la haute mer, des tor-
pilleurs évoluent en remontant le courant qu'ils re-
foulent ; sur les barques pansues comme sur les cui-
rassés agiles, on sait que veillent les mêmes hommes
dévoués, têtus et forts, dignes petits-fils de ceux qui
dorment au pied des vieilles croix de pierre.

Accordez quelques soins aux germes excellents que
ces gens recèlent dans leur cœur, faites que les so-
phismes criminels n'y poussent point leurs racines em-
poisonnées, ils aimeront leur patrie comme l'aimaient,
il y a dix siècles, les bons compagnons de Barbe-Torte,
c'est-à-dire en simples décidés au sacrifice suprême
simplement consenti.

* *

Nous retrouvâmes le régiment dans une sorte de val-
lon d'Arcadie étroit et profond contrastant avec l'àpre-
té des landes voisines. Nous déjeunâmes assis sur un
des coteaux. En face de nous plusieurs compagnies
avaient pris place sur des escarpements couverts de
landes courtes et de bruyères.

Dans la lumière douce, sous le voile léger de fu-
mée gris perle qui s'élevait des feux, le rouge garance
et le bleu des uniformes, fondus en une sorte d'har-
monie violette teintée de mauve, se détachaient d'une
façon délicate sur le vert clair des herbes. D'un groupe
assis sur un amas de pierres — l'état-major du régiment — jaillissaient de temps à autre des étincelles bril-
lantes.

Cet or discret, ces teintes d'un léger pourpre, l'argent
des nuages, le bleu du ciel contribuaient à composer

un ensemble dont la contemplation enchanta toute la durée de notre repas.

— Avouez, dit tout à coup mon capitaine en s'adressant au sous-lieutenant, avouez que la Bretagne est bien belle.

—- Belle et brave, répondit en souriant notre jeune compagnon.

—- Et riche d'exemples, ajoutai-je encore.

Commandant DE MALLERAY.

Vannes. — Imprimerie LAFOLYE Frères, 2, place des Lices.

www.ingramcontent.com/pod-product-compliance
Ingram Content Group UK Ltd.
Pitfield, Milton Keynes, MK11 3LW, UK
UKHW021000230726
13924UKWH00009B/146